Leben in Versen 2017

Karin Brose , Malerin und
Autorin
In Hamburg

Karin Brose

Leben in Versen 2017

Gedichte über Alltägliches

1. Auflage

Impressum

Copyright: © 2018 Karin Brose

Produktion Karin Brose, Hamburg 2017

Fotografien Karin Brose

Herstellung und Verlag:
bod - Books on Demand, Norderstedt
ISBN 9783744882767

Inhalt

EMOTIONEN WERDEN ZU GEDICHTEN.

ICH DANKE DAFÜR, DASS SICH DAS, WAS MICH
BEWEGT, IN REIME KLEIDET.
SO BEKOMMT AUCH PROFANES EIN GESICHT.

LIEBE

LIEBE BLEIBT

ACH, DIE LIEBE,

WENN SIE EWIG BLIEBE,

WIE IM ERSTEN JAHR!

KLAR,

DASS MAN SICH GEWÖHNT,

NACH STREIT VERSÖHNT.

BESSER ABER STRESS VERMEIDEN,

KANN ES GAR NICHT LEIDEN,

WENN MIESE SCHWINGUNG

WIRD BEDINGUNG.

ACH, DIE LIEBE

WENN SIE EWIG BLIEBE,

WIR EHRLICH UND OFFEN.

BLEIBT ZU HOFFEN,

UNSERER ACHTUNG IST GENUG,

SICH ZUG UM ZUG,

UMEINANDER ZU BEMÜHEN.

EMOTIONALE SICHERHEIT,

— FÜHLEN UNS BEFREIT —

WIRD UNSERE LIEBE ENDLOS BLÜHEN!

HARMONIE

EINKLANG IM LEBEN,
ERSTREBENSWERT?
GEBEN UND NEHMEN,
UNBESCHWERT?

BLOSS KEINEN STREIT,
HARMONIE MUSS SEIN.
IMMER BEREIT,
ZU ZWEI'N

DAS BESTE DARAUS MACHEN,
DEM ANDEREN VERZEIHEN,
ÜBER UNSTIMMIGKEITEN LACHEN,
SICH VON ZORN BEFREIEN.

NICHTS IST SO WICHTIG,
NICHTS KANN UNS ENTZWEIEN.
SEI UMSICHTIG!
HARMONIE MUSS GEDEIHEN.

Trennung ist der Anfang

Wenn nichts mehr bleibt,
wenn die Liebe gegangen ist,
wenn es dich forttreibt,
wenn du in Gedanken woanders bist,

dann ist es Zeit,
dein Leben zu ändern,
du bist soweit,
mit roten Bändern

dich an neue Gefühle zu binden,
neuem Glück entgegen zu gehen,
zu dir zu finden,
darin deine Zukunft zu sehen.

Was wichtig ist

Nicht auf die grossen Sachen
kommt es an,
sagst du.
Ich finde es zum Lachen,
glaub ich doch daran
wie du.
Nicht ob wir gegen Krieg
oder für Frieden sind,
nicht ob wir auf Sieg
oder Niederlage setzen.
Wichtig nur, dass sich Einklang find,
statt sich zu fetzen.
Nicht von Bedeutung, dass du Fussballnarr,
mich das nur wenig interessiert,
egal, dass Ballett mir wichtig ist,
du eher abgeneigt dagegen bist.
Für uns zählt, dass wir gern zusammen sind,
ich bei dir meine Ruhe find.
Nicht peripher von Interesse,
Weltwirtschaft und Global Warming.
Ich nur daran messe,
was unser gemeinsam' Ding:
Achtung, Toleranz und Liebe,
wünsch mir, dass es immer so bliebe

Gefunden

Die Gedanken verhangen,
in Emotionen gefangen,
den Blick getrübt
so verliebt
sehn ich mich nach dir
verzehr ich mich hier
warte auf dich
und du auf mich.
Lass uns gemeinsam gehen,
wohin du willst, ich folge dir,
bis hinter die nächste Tür
ins Paradies.
Nie mehr ohne dich!
Umarme mich,
du Geliebter — mir so nah,
keinen Schöneren ich sah.
Hab dich gefunden,
bist mein Leben.
Viele glückliche Stunden
wird es für uns geben.
Verstehen ohne Worte,
Gefühl und ohne Sorge,
an jedem Orte,
auch morgen...

Dann ist es Liebe

Wenn der Alltag einkehrt
und sich niemand beschwert,
wenn man einander gut kennt
und trotzdem eine Flamme brennt,
wenn du nicht mehr den Hengst machen musst,
wenn du geniesst einen langen Kuss,
wenn Vertrauen die Basis ist,
wenn du ihre Fehler vergibst,
sie gerade dafür liebst,
wenn zufrieden du bist,
angekommen und umsorgt,
dann ist dein Glück nicht nur geborgt.
Dann ist es Liebe.

LIEBE SCHLÄGT BLASEN

LIEBE SCHLÄGT BLASEN
WIE VIELE PHASEN
HAT ZUSAMMENSEIN?
MENSCHEN ZU ZWEI'N
VERSUCHEN IM LEBEN,
NACH HARMONIE ZU STREBEN.
ZUERST LÄUFT ES GUT,
WENN BEIDE VOLL MUT
LANGE GENUG GEWARTET,
IN EINE NEUE LIEBE GESTARTET.
ALLES IST NEU,
MAN DENKT NICHTS DABEI.
WIE LANG HÄLT DAS AN,
BIS DANN UND WANN
DIE ERSTEN BLASEN PLATZEN?
BIS STRESS UND SORGEN
ZIEHEN FRATZEN?
VIELLEICHT SCHON MORGEN!
MAN VERTRÄGT SICH WIEDER,
LEGT DAS KRIEGSBEIL NIEDER.
WILL JA LIEBE LEBEN,
DEM ANDEREN ALLES GEBEN!
EINANDER VERTRAUEN,
ZUKUNFT AUFBAUEN.

Alles ist schön,

wirst schon sehen!

Wir beide sind's

und ich find's

ganz toll mit dir.

Glaube mir!

Doch ganz hinten in meinen Gedanken,

gerate ich ins Wanken.

Soll's das nun sein für alle Zeit?

Du mein, ich dein, zu zweit?

Wie soll ich wissen,

ob andere nicht besser küssen?

Wer so denkt,

schnell alles verschenkt.

Liebe schlägt Blasen,

es gibt gute und schlechte Phasen.

Man sollte wissen, wohin man gehört,

hat einen die Liebe erst betört.

WIE LANG IST IMMER?

WIE LANG IST IMMER?
WIE KURZ DIE ZEIT,
DIE WIR ZU ZWEIT
NOCH HABEN?
DER TRAUM,
DASS DIE EWIGKEIT UNS GEHÖRT
DER GEDANKE BETÖRT,
ICH ZWEIFLE KAUM.
WILL KEIN ENDE SEHEN,
MÖCHTE JEDE STUNDE MIT DIR TEILEN,
HIER UND DA VERWEILEN,
MIT DIR GEMEINSAM GEHEN.
SIND WIR EINST ALT,
WERD' ICH DICH TROTZDEM LIEBEN.
ICH SEHE BALD,
DASS WIR IM HERZEN JUNG GEBLIEBEN.
NUR MANCHMAL DENKE ICH
WIE LANGE NOCH?
ICH LIEB DICH DOCH,
DU BIST MEIN LICHT.
SETZ SIE VOR DIE TÜR,
DIE MIESEN GEDANKEN,
MUSS MICH BEDANKEN,
FÜR JEDEN TAG MIT DIR.

DU BIST MEIN LEBEN,

KANN'S SOVIEL GLÜCK ÜBERHAUPT GEBEN?

IMMER AUFS NEUE,

ICH MICH AUF DICH FREUE.

WÜNSCHE MIR,

DASS „IMMER" UNENDLICH IST,

DIE ZEIT STEHT STILL HIER,

SOLANGE DU BEI MIR BIST.

Gäb' es dich nicht

Gäb' es dich nicht,
müsst' man dich erschaffen.
Du zögerst nicht,
wo andere nur gaffen.
So liebevoll, so zärtlich,
so zugewandt loyal.
Kümmert dich,
was anderer Menschen Qual.
Ich spüre deine Liebe
durch kleine Gesten zwischendurch,
spriessen wie zarte Triebe
gänzlich ohne Furcht.
Doch jeder hat sich selber noch,
für Eigenes bleibt Raum.
Sind wir zwei Menschen doch,
in Wirklichkeit und Traum.
Fühl mich bei dir geborgen,
darf einfach sein
und meine Sorgen
schwinden, werden bei dir klein.
Erst mit dir fühl ich mich ganz.
Du bist mein grösstes Glück.
Unser Leben wie ein Tanz,
nur nach vorn, kein Schritt zurück.

HERZDIEBE

HAB ICH DIR HEUTE SCHON GESAGT,

DASS ICH DICH LIEBE?

HAB ICH GEWAGT,

WIE DIEBE,

EIN HERZ ZU STEHLEN?

WILL NICHT VERHEHLEN,

DASS DIESE BEUTE MIR GEFÄLLT,

DASS ICH MICH AUF DICH EINGESTELLT.

DEIN HERZ IN MEINEM,

MEINES IN DEINEM,

ZWEI HERZENEROBERER

WENIGER DIEBE,

ALS LIEBE.

Nur die Liebe zählt

Alles ist nichts gegen die Liebe
Nichts ist alles, wenn sie dir bliebe,
so bliebe wie im ersten Jahr,
so heiss, so ehrlich auch und wahr.

Sie ändert dein Leben,
bestimmt dein ganzes Streben,
verkehrt böse zu gut,
macht dir Mut.

Wer liebt ist nie allein,
mag er auch fern von allen sein.
Er fühlt Geborgenheit,
reist er auch noch so weit.

Die Liebe macht stark dich,
verleiht dir unendlich
Kraft, auch Empathie,
Das kann nur sie.

Die Liebe ist gross,
was fühlt einer bloss,
der sie nie getroffen,
seine Hoffnung bleibt offen.

GLÜCK

GLÜCK WILL EWIGKEIT,
DU WÜNSCHST SIE DIR
— ZU ZWEIT.
GLAUBE MIR,
MEINE LIEBE HAST DU GEWONNEN,
WEIL DU BIST WIE DU BIST.
MONATE SIND ZERRONNEN,
UND ES IST WIE ES IST.
WIE EIN BLITZ MITTEN AM TAG
DURCHFÄHRT DICH DAS WISSEN,
DASS ICH DICH MAG.
DIR WIRD GANZ WARM, WILLST ES NICHT MISSEN.
MUSST MICH NICHT SEHEN,
MUSST MICH NICHT FASSEN,
UM ZU VERSTEHEN,
DU WILLST MICH NICHT LASSEN.
WIR BEIDE WISSEN GENAU,
WIR WERDEN GELIEBT!
FÜR UNS IST DER HIMMEL BLAU,
AUCH WENN'S IHM BELIEBT
ZU WEINEN.

NÄHE DURCH DISTANZ

GLÜCK SPÜREN,

WISSEN, MAN HAT ES GUT,

ES ÖFFNEN SICH NEUE TÜREN,

MAN HAT IM BLUT,

ES IST NICHT SELBSTVERSTÄNDLICH,

UND FÜHLT SICH DOCH FREI.

ENDLICH !

NÄHE LEBEN UND DABEI

VÖLLIG UNGEBUNDEN

GESUNDEN.

NÄHE DURCH DISTANZ,

DAS IST DIE WEISHEIT.

EIN EWIGER TANZ,

MAN IST BEREIT,

SICH HINZUGEBEN,

KOMPROMISSE ZU MACHEN,

GEMEINSAM LEBEN,

ZUSAMMEN LACHEN.

LIEBE VERBINDET,

LIEBE TRENNT,

WER DAS NICHT VERWINDET,

DER RENNT

DEM GLÜCK HINTERHER,

WOMÖGLICH AUF IMMER,

ALS WÄR'

IN EINEM ANDEREN ZIMMER

NOCH MEHR ZU FINDEN,

STÄNDIG AUF DER SUCHE.

MAN KANN SCHWER VERWINDEN,

WAS IM BUCHE

DES SCHICKSALS GESCHRIEBEN STEHT.

DU HAST MICH GEFUNDEN

UND ICH DICH.

UNUMWUNDEN:

ES FINDET SICH,

WER SICH FINDEN SOLL.

UND FÜRS PROTOKOLL:

ES GIBT KEIN ANDERES ZIMMER

MEHR FÜR MICH.

ICH LIEBE FÜR IMMER,

NUR DICH.

1000 Tage

1000 Tage Liebe
Nähe und Verbundenheit
Dass sie noch 10 x 1000 bliebe,
Unsere Zweisamkeit!
Jede Minute, jeder Tag mit dir
Erfüllt mich mit Glück
Glaube mir
Ich will nicht zurück.
Nicht mehr zurück in mein altes leben,
nicht mehr ohne dich sein,
für mich kann's nichts Schöneres geben,
als ein Leben mit dir zu zwei'n.
1000 Tage
wiegen schwer
in der Lebens–Waage,
ich hoffe sehr,
auf Gleichgewicht.

Du und ich

Unsere Liebe
So rein und klar
Herzensdiebe
Fürwahr
Ich immer dein
Du auf ewig mein.
Vertrauen
Aufeinander bauen
Im 7. Himmel schweben
Sich in die Augen schauen
Vertrauen leben
Betrug kommt nicht in Frage
Gefühle pur
Ganz frei von Klage
Ganz ohne Schwur.

GEFUNDEN

EIN LEBEN ZU ZWEIT

NEHMEN UND GEBEN

GANZ BEFREIT

FANTASIEN WEBEN

DURCHS LEBEN GLEITEN

DIE FLÜGEL AUSBREITEN

EINANDER AUF EWIG TREU

JEDEN TAG AUFS NEU

GEMEINSAM GENIESSEN

SCHWIMMT EINER AUCH NOCH SO WEIT

LÄSST DIE SEHNSUCHT SPRIESSEN

BLEIBEN SIE DOCH ZU ZWEIT

LANDEN GANZ WEICH

WIEDER AUF DEM GLEICHEN TEICH

GLEICHKLANG

DICH LIEBEN,

DICH ERTRAGEN

MIT DIR LEBEN

ALLES WAGEN

DICH ANSEHEN

MIT DIR SPIELEN

ÜBER GRENZEN GEHEN

AUFS LEBEN ZIELEN

MIT KARTEN ZOCKEN

NEUES ERKUNDEN

DIE HÜTTE ROCKEN

EINANDER GEFUNDEN

NICHT NUR GEMEINSAM GEHEN

ALLES UND IM GANZEN:

AUCH IN DIE GLEICHE RICHTUNG SEHEN.

UND MIT DIR DURCHS LEBEN TANZEN.

JAHRE DER LIEBE

2190 Tage, eine lange Zeit
vom ersten Blick zur Liebe —
hast mich befreit
aus meinem Turm
gerätselt, ob ich bei dir bliebe
erobert mich im Sturm.
Sechs Jahre, Seite an Seite
sind wir bisher gegangen,
keine Enge, sondern Weite,
frei und nicht gefangen.
Liebe und Vertrauen,
können aufeinander bauen,
uns spüren, auch auf die Distanz
uns vereinen nun im Tanz,
haben Nähe nicht gescheut,
hab noch keinen Tag bereut!
Zeit, vergangen wie ein Wimpernschlag,
einander alles geben.
Was für ein Glück!
Was jeder auch vermag,
Gemeinsamkeit erleben.
Will nie in meinen Turm zurück.

Wir

Du und ich
Wir sind eins
Ich liebe dich
Und du liebst mich
Ein Glück wie keins,
das ich zuvor gekannt.
Bin hinterhergerannt
Ohne es zu erlangen.
Hab es gesucht,
ohne es zu fangen.
Du und ich
Wir beide wissen,
dass wir es sind.
Wollen einander nicht mehr missen.
Können einander vertrauen,
in Liebe aufeinander bauen.
Du und ich wir wissen
Um unser grosses Glück.
Nie mehr ohne den anderen auf Anfang
zurück.

ZAUBERHAFT

WOLKENBERGE

WOLKENBALLEN, VON WINDEN GESCHOBEN
HELL UND DUNKEL WECHSELN AB
SEGELN WIE GEMALT, DA OBEN
BIS ZUM HORIZONT HINAB.
WECHSELN BESTÄNDIG FARBE UND FORM
GEISTER, MONSTREN, UND GESICHTER
EINE VIELFALT GANZ ENORM
KOMMEN IMMER DICHTER
DURCHKREUZEN DEINE FANTASIE
HABEN EIGENE GESCHICHTEN
IHR ENDE KENNST DU NIE,
KANNST DIE BEDEUTUNG SELBST GEWICHTEN.

© 31.5.2017

TRANSPORT

WOLKENSCHIFFE SCHWEBEN,

VERÄNDERN SICH

MAL EBEN,

TRAGEN DICH

WOHIN AUCH IMMER

DEIN TRAUM.

VERIRREN SICH NIMMER,

DENN KAUM,

DASS DU AUFGESTIEGEN

BEGINNST DU GANZ OHNE ZIEL

DURCH DEIN LEBEN ZU FLIEGEN

— EIN FAST ENDLOSES SPIEL.

— © 9/2017

Die Räbin

Rabenfrau, wunderbar
bewundernswert, so schön und klar
Schillernd ihr Glanz
Elegant der Tanz
apart und grazil
welch spannendes Spiel!
Klug und weise,
höchst aufmerksam
zieht ihre Kreise
wo sie kann.
Fantasievoll, hintergründig
ward sie fündig
eine Rabenfreundin
klug und schön
— und sündig
seelenverwandt,
mit feinen Sinnen
einander erkannt

— zwei Räbinnen

Der schwarze Vogel

Ein Vogel, so schwarz wie die Nacht
Das Gefieder so glänzend und schön
Auf den ersten Blick fast unscheinbar.
Das Besondere nicht zu sehen.
Sich Gedanken macht
so klar,
so klug und weise
erhebt er sich auf breiten Schwingen.
Meist ganz leise
Er weiss — er muss nicht singen.

© 6/17

WALD IST GESCHICHTE

DER BODEN WEICH,
SCHWINGT BEI JEDEM TRITT.
FÜHLST DICH WOHL UND REICH,
WIE AUF DICKEM TEPPICH, JEDER SCHRITT,

HUNDERTE VON SCHICHTEN
ALTES LAUB
JAHR UM JAHR VERDICHTEN,
DIE UNTERSTEN SCHON STAUB.

DU DARFST HEUTE DRÜBER GEHEN,
DARFST AUF DER GESCHICHTE STEHEN.
WAS GENERATIONEN ANGESTREBT,
DAS HAT DIESER WALD ERLEBT.

WENN DOCH JEGLICHE ERFAHRUNG
ENDETE SO LEICHT,
SO ANGENEHM, SO ZART, SO WEICH
VON ZARTEM DUFT NACH MODER.

BEDEUTUNGSLOS UND DOCH..

DU ALTER WALD, MIT DEINEN MOOSBEWACHSENEN
BÄUMEN,
BEHERBERGST LEBEWESEN VIELER ART
LIEFERST MIR REICHLICH STOFF ZUM TRÄUMEN
BIZARRE FORMEN, SEHR APART.
PILZE KUSCHELN SICH IN WURZELN,
DICHT AN DICHT GEDRÄNGT.
REIFE EICHELN PURZELN
AUF JUNGE BÄUME, EINGEZWÄNGT
IN BROMBEERHECKEN, DORNBEWAFFNET.
ZIEREN GANZE LICHTUNGEN
IN SPINNENNETZEN FLIEGEN SIND VERHAFTET
IN SEIDENFÄDEN GEZWUNGEN
EIN SCHÖNER TOD VON LUXUS EINGEHÜLLT,
SIND SIE NUN BEUTE.
DAS KLEINE FLIEGENLEBEN IST ERFÜLLT.
KEIN MORGEN MEHR, NUR GESTERN NOCH
UND HEUTE.

© 5/9/17

DAS LEBEN

Liebeserklärung an eine Moppelin

Ich sitze da und schaue zu
In der Kabine - du -
Probierst das 7. Kleid
Es ist dir doch zu weit
Ich glaub es kaum,
was sich da tut,
aus der Traum
-gar nicht gut!
Ob sie noch das Richtige find?
Irre, wie biegsam Frauen vor dem Spiegel sind!
Dreh'n sich, wenden ihre Hüften,
das Füsschen vorgestellt,
erst das Rechte
dann das Schlechte
umgeben von tausend Düften
aus dem Ei gepellt.
Hände aufgestützt
Ob das wirklich etwas nützt?
Und noch einmal von rechts nach links
Als ob der Fummel davon schöner würde
Häng bloss weg, das Ding!
Sie liegt woanders deine Hürde.

Schokis, Bonbons und Lakritze, all die
Süssigkeiten,
die sich auf deinem Hintern niederliessen,
sorgen nun für andere Weiten.
Was sollte 36 sein,
passt nun grad in 40 rein.
Schatz, nun lass dich nicht verdriessen!
Gibt es doch ganz andere Pleiten
Ich liebe jedes Pfund an dir
Denn du bist die Schönste hier.

Carpe Diem 2017

Kannst du gehen
ohne dich umzusehen?
Kannst du dein Leben beenden
ohne zu denken
„Hätt ich nur..“?
Brennst du an beiden Enden,
kannst du Liebe schenken
und Hoffnung pur?
Carpe diem, nutz' deine Tage
Freude und Sorge halten die Waage
Dir ist bewusst,
jeder kann der letzte sein
jeder Tag Genuss
jeder einzelne ist dein.

Vergänglich

Wie Blüten an den Bäumen
Wehen die Seelen im Wind
Entspringen den wildesten Träumen
Begleiten jedes Kind.

Träume sind Schäume
Das Kind spuckt gegen den Wind
Es meint, dass es träume
Und eine Seele find.

Dabei ist es selbst nur Blüte,
die im Sturm zerfällt.
So sehr es sich bemühte
Das ist der Lauf der Welt.

ZUKUNFT

KINDER — BEZAUBERND UND FREI
OHNE SCHULD, OHNE SORGEN
DABEI
DENKEN NICHT AN MORGEN
EHRLICH UND DIREKT
NEUGIERIG AUFS LEBEN,
DAS NACH ZUKUNFT SCHMECKT.
KANN ES SCHÖNERES GEBEN?
VERTRAU..
SCHLECHTE NACHRICHT
BRICHT
LEBENS- MUT
ÜBLE GEDANKEN
LASSEN DICH SCHWANKEN
PHANTASIEN
RANKEN
DENK' POSITIV
VERTRAU AUF DEINEN ENGEL
DER SUGGESTIV
SCHAFFT NEUEN MUT
SCHLICHT
DEINE ÄNGSTE BRICHT
DER HOFFNUNG SCHAFFT
UND NEUE LEBENSKRAFT

So leer

Kein Gefühl, keine Emotion
nichts, das mich berührt,
leb ich noch
hab ich gespürt
was anderen normal?

Fühl mich so leer
So ohne alles
Als ob ich niemand wär.
Ein Gefühl, ein kaltes,
Schleicht sich ein,
ist schon ein Altes.

Was bringt mir der Tag?
Was das nächste Jahr?
Niemand vermag
Freude oder Gefahr
im Voraus zu erahnen
Ich harre aus, werde nicht planen.

Es kommen wieder bessere Zeiten
Wenn meine Seele Flügel hat
Sich aufmacht in unendliche Weiten
Dann beschreibt ein neues Blatt.

MILLIONEN FÜR NOTHING

G20 HIN ODER HER
DEMOKRAT NEBEN DESPOT
ERTRÄGT MAN SCHWER
MANCHER SIEHT ROT

UNGLEICHHEIT AUF DER WELT
MACHT MIT ALLEN MITTELN
ÜBERALL ZÄHLT NUR DAS GELD
SINNLOS, KLEINES ZU BEKRITTELN
WAS MAN AUCH DAVON HÄLT.

MANCHE LAUFEN STURM
ANDERE FLIEHEN AUS DER STADT
OBEN AUF DEM TURM
MAN GUTE AUSSICHT HAT
AUF DAS, WAS DA GESCHIEHT

DEMONSTRANTEN ÜBERALL
PASSANTEN WERDEN ABGETRENNT
SIND GEWAPPNET FÜR DEN FALL
DASS IRGENDWER SIE ÜBERRENNT
ES BRENNT!

KRIMINELLE TOBEN SICH AUS

AUTOS SIND SCHNELL ANGEZÜNDET
WAS KOMMT DABEI HERAUS?
OB MAN DIE TÄTER FINDET?
GEWALTBEREIT,
VERMUMMT UND FEIGE
ZU VIEL ZEIT
IN IHREM LEBEN.

POLIZISTEN SCHWER VERLETZT
LEBEN IST NICHTS WERT
VERMUMMTE SIND PERFEKT VERNETZT
MORALISCH UNBESCHWERT.
ZUSAMMENSTEHEN GEGEN MOB,
DER POLIZEI GEBÜHRT EIN LOB
EINE FRAGE NUR:
WAS WAR DER DEAL,
DASS DAS LOS AUF HAMBURG FIEL?

FERIEN!

KINDER, ELTERN, ALLE
FREUEN SICH AUF FERIEN,
WENN IN JEDEM FALLE
JEDER WILL WOHIN.

FERIEN HEISST REISEN,
UND DAS MÖGLICHST WEIT.
EXOTISCHE SPEISEN
MIT VIEL ZEIT.

BLECHLAWINE SCHON AM MORGEN
AUTOBAHN IM BAU
MACH DIR KEINE SORGEN
STEHST NICHT ALLEIN IM STAU.

AIRPORT — EIN GEWIMMEL
PASSAGIERE BUNT UND LAUT
REGELRECHTER REISEFIMMEL
HIER WIRD FACHMÄNNISCH GEKLAUT.

DREI STUNDEN FLUG
BLAUER HIMMEL, SONNENSCHEIN
WEISSE HÄUSER, STRAND GENUG
KÖNNTEST ÜBERALL JETZT SEIN.

Spanien, Türkei und Griechenland,
überall ist's heiss,
mancher sich hier wiederfand
kaum geduscht, gleich schon im Schweiss.

Strand, Sonne, Meer und dann
Liege unterm Schirm gesucht
worauf man sich verlassen kann
Verlässlichkeit gebucht.

14 Tage, knackig braun
die Haut fängt an zu schuppen
die zu Hause werden schau'n
schlaf bis in die Puppen.
Urlaub strengt doch mächtig an
jeden Tag die Sonne,
am Buffet da steht man an
Zeit vertun mit Wonne.
Auch Museen anzuschauen
strengt nicht wenig an
Gesehenes verdauen,
damit Neues kommen kann.
Schwupps, schon ist's vorbei.
Wieder ein Jahr warten,
wünsch', dass es ein Schönes sei,
vielleicht zu Haus im Garten

KARTENGLÜCK

MIT LEIDENSCHAFT GESPIELT,
AUF SIEG GESCHIELT,
WAS FÜR EIN BLATT!
WER KEINEN JOKER HAT,
SIEHT KEINE SCHNITTE,
BIN VOLL AUS MEINER MITTE,
KANN NICHT RAUS,
ER LEGT AUS
KARTE UM KARTE.
ICH WARTE.
WARTE AUF EIN BESSERES BLATT
HAB'S SO SATT!
ER MACHT SCHLUSS!
ES KOMMT WIE'S KOMMEN MUSS.
ICH KOCHE VOR WUT.
MIR SCHÄUMT DAS BLUT.
MIST — KARTEN!
ICH GEH BESSER IN DEN GARTEN.

KUNST ODER WAS?

KUNST — WAS EINER KANN
UND ANDERE NICHT
WENN DANN UND WANN
MAN DRÜBER SPRICHT,
DANN IST DAS IRGENDWIE
BEMERKENSWERT,
AUCH WENN MANCHE NIE
FÜR IHRE KUNST GEEHRT.
MAN FRAGT SICH, OB ES WOHL
EINTRÄGLICH GENUG
ODER SCHLICHT NUR HOHL
UND WENIG KLUG,
OB MANCHER, DER NICHT SO GUT DRAN
- ES IST JA NIE ZU SPÄT —
BESSER WAS ANDERES TÄT

DIE ZEIT GEHÖRT DIR

ZEIT ZUM NACHDENKEN
STUNDEN, DIE NUR DIR GEHÖREN
MINUTEN, DIE DICH LENKEN
SEKUNDEN, DIE VERSTÖREN.

WAS KOMMT DIR ALLES IN DEN SINN,
AFFEN TOBEN IN DEINEM KOPF.
WO FÜHRT DAS HIN?
MANCHES SCHON EIN ALTER ZOPF.

BÖSE GEDANKEN SIND DABEI.
BESCHWÖREN ANGST UND SORGEN.
DABEI IST ES EINERLEI
VERSCHWENDET, GEDANKEN AN MORGEN.
BÖSES VERDRÄNGT DURCH HOFFEN,
DASS ALLES GUT BLEIBT.
SEI VÖLLIG OFFEN,
WOHIN ES DICH TREIBT.
ALLEIN MIT DEINEN GEDANKEN,
VERGISS DIE SORGEN.
MUSST NICHT WANKEN,
DENK NICHT AN MORGEN.
DIR GEHÖRT DIE ZEIT,
WOCHEN, TAGE, STUNDEN.

BIST GEGEN ALLES GEFEIT,
HAST DICH GEBUNDEN.

LAUF DER ZEIT

DIE JAHRE LAUFEN UM DIE WETTE,
ALS OB SIE NICHTS ANDERES ZU TUN HÄTTEN.
EINS WILL DAS ANDERE ÜBERHOLEN,
GANZ SO, ALS HÄTTEN SIE DIE ZEIT GESTOHLEN.
SIE FLIEGEN DAHIN,
WIR SUCHEN DEN SINN.
SIE GEHEN VORBEI,
ALS OB DAS GAR NICHTS SEI.
WAS MACHEN WIR HIER?
MANCHER IST SCHIER
ÜBERFORDERT MIT DIESER FRAGE.
ANDERE SIND SICH SELBST NE PLAGE.
VIELE STERBEN VOR LANGEWEILE,
WISSEN IHRE TAGE NICHT ZU FÜLLEN,
LESEN ZEITUNG, ZEILE FÜR ZEILE,
UM SIE DANN ZUSAMMENZUKNÜLLEN.
ALL DAS ELEND, ALL DIE NOT,
WILL DOCH KEINER WISSEN!
WIEDER VIELE MENSCHEN TOT,
AUS DEM LEBEN RAUSGERISSEN.
GLÜCKLICH, WER NICHT GANZ ALLEIN,
WOMÖGLICH FREUNDE HAT UND KINDER,

NICHT EINSAM IST, NICHT NUR ZUM SCHEIN,
DIES GLÜCK SIEHT WIE EIN BLINDER.
DIE JAHRE NUTZEN UND GENIESSEN,
OB SONNE ODER REGEN,
IDEEN UND TRÄUME SPRIESSEN,
SIND NICHT IMMER SEGEN.
ABER ALLES GUT ZUSAMMEN PASST,
DER GEFÜHLE BUNTER REIGEN.
OBEN AUF DER WELLE LASST
UNS GLÜCKLICH SEIN UND SCHWEIGEN.
KOMMT DAS TAL DANN IRGENDWANN,
ERINNERST DU DICH GERN DARAN.
DIE WELLEN ÜBERSCHLAGEN SICH,
SCHLAG AUF SCHLAG, ES SCHÄUMT DIE GISCHT.
MANCHE FAST BEGRABEN DICH,
BIS DEIN MUT DICH RAUSGEFISCHT.
DAS LEBEN IST NICHTS FÜR FEIGE,
DRUM GRÜSS DIE JAHRE, DIE NOCH KOMMEN,
WIE ZWEIGE,
DIE AUS ALTEN ÄSTEN SPRIESSEN.
HAST DU DIR DEIN GLÜCK GENOMMEN?
ES GEHÖRT DIR, DU DARFST GENIESSEN!

SCHMERZ

ER KÜNDIGT SICH NICHT AN

SCHLÄGT EINFACH LOS

UND DANN,

DIE PEIN IST GROSS,

WAS TUN?

WAS IST RICHTIG?

UND NUN

SIND ALLE PLÄNE NICHTIG.

DEINE AUFMERKSAMKEIT BEANSPRUCHT

ER GANZ FÜR SICH.

HAT SICH DICH AUSGESUCHT,

NICHT MICH.

WAS WILL ER DIR SAGEN?

WAS SOLL ER BEDEUTEN?

SINNLOS ZU FRAGEN,

VIELEN LEUTEN

GESCHIEHT ES AUF DIESE WEISE,

DASS SCHMERZ DAS HASTIGE LEBEN BREMST,

ERST GANZ LEISE,

BIS DU IHN KENNST.

GIB DICH IHM HIN,

ERKENNE IHN AN,

VERSTEH SEINEN SINN

NUR DARAUF KOMMT ES AN.

JAHRESZEITEN

64

Frühling lacht

Es ist soweit
Sehnsucht macht sich breit
Sehnsucht nach Wärme und Licht
wenn die Sonne morgens durch die Wolken
bricht
wenn die Vögel zwitschern, dich Willkommen
heissen
wenn Ungeduld und Träume an dir reissen
dann naht er, der Frühling, mit Macht.
Wie er klingt, könnte glauben, er lacht!

BLÜTE

IST DAS SOMMER, WENN DIE SONNE BRÜLLT?
WENN DU AUFWACHST UND SCHON LÄCHELST?
OBWOHL, DEIN BLICK NOCH LEICHT VERHÜLLT,
DU VOM ABEND JETZT EIN WENIG SCHWÄCHELST
GEHT DOCH DEIN GANZES STREBEN
NACH DRAUSSEN IN DEIN LEBEN.

VOLLER TATENDRANG
HINEIN INS BUNTE TREIBEN
STRESS MACHT DIR HEUT GAR NICHTS AUS
VOLLER ÜBERSCHWANG
WILLST DU GERN EWIG BLEIBEN
SEI KLUG UND MACH WAS GUTES DRAUS.

Summer Storm

Summer storm
strong and warm
shaking trees
disturbing bees
ruffling hair
creating flair
setting trends
never ends.

Sommerwind

du Luft so heiss
peitschst mir ins Gesicht
ohne Rücksicht, völlig dreist
kümmert es dich nicht
ob ich toll das find.

UNWETTER!

LÄNGER, GRÖSSER, WEITER
MASSLOS VON NATUR
IMMER HÖHER AUF DER LEITER
GEWINN UND MACHT UND NUR
DER VORTEIL ZÄHLT
OHNE RÜCKSICHT AUF DIE UMWELT
DER MENSCH, ER WÄHLT
DAS GELD.
DOCH DIE NATUR,
SIE WEHRT SICH
ZEIGT SICH STUR
WILL NICHT!
EIN TORNADO IN DER STADT
STRASSEN WERDEN FLÜSSE
WASSER ÜBERALL
REGENGÜSSE
ES NÜTZT KEIN WALL
DER MENSCH KEINE WAHL HAT.
ER LERNT, ER IST SEHR KLEIN,
SCHLAUER SOLLTE ER SEIN.

LONGING FOR SUMMER

WINTER DAYS
CHANGING LIGHT
DARKNESS PRAYS
NO SUN BRIGHT
STORMY WEATHER
RAINY TIME
COME TOGETHER
LOVE IS PRIME
MAKES YOU BEAR THIS CLIMATE
DON'T YOU DARE
CLIMB THE SUMMIT
NEVER CARE
ABOUT THE WEATHER.
SET YOUR HOPE IN JUNE
MAY BE, SUMMER BOOMS
MAY BE THEN, THE SUN SHINES BRIGHT
YOU FEEL WARM AND ALL IS RIGHT.

5/2017

Ungewiss

Das Jahr geht zu Ende,
die Blätter färben um,
kommt jetzt die Wende?
Kümmer' mich nicht drum.

Will nicht wissen,
ob bald alles trübe,
werd' den Sommer missen,
wünschte, dass er bliebe.

Gewiss sind kahle Bäume,
doch was bedeutet es für mich?
sind nun leer die Träume?
Ist gedämmt das Licht?

Die Bäume werden nach dem Winter
wieder grün.
Käm' ich nur dahinter,
was mir wird gescheh'n.

Mein Jahr geht zu Ende,
ich schaue mich um.
Kommt nun das Ende?
Kümmer' mich darum.

Herbst voller Hoffnung

Der Nebel schwindet
nur langsam,
windet
sich wie ein Arm
um Busch und Baum,
umschlingt auch mich,
verspür es kaum.

Wie eine kühle Hand
greift Feuchtigkeit nach mir.
Die Nebelwand
umhüllt mich schier.
Legt sich auf Haar und Haut
sogar auf meine Seele,
sie schaut
verklärt.

Greller Sommer ist gewichen,
Lichter werden fade,
Farben sind verblichen.
Schade.
Die färbt die Welt,
ein letzter Versuch,
bald fällt

Das Leichentuch

Auch in meinem Leben
ist der Sommer dahin.
Gemässigt all das Streben,
ich suche nun den Sinn
im Herbst:
Geniessen und Erleben,
verspüre manchen kleinen Schmerz.
Was wird die Zukunft geben?

Schon weiss dein Haar,
auch das meins wird langsam grau.
Dein Sommer war
bunt wie der Meine, aber schau,
dass wir gemeinsam
Herbst und Winter erleben,
niemals einsam
einander Liebe geben.

Der Nebel hebt sich,
es wird heller
Licht
kommt — immer schneller.
Dennoch, nichts hat Eile,
wir sind bereit,

NACH EINER KLEINEN WEILE

ZU ZWEIT

UNSEREN WEG ZU GEHEN.

WIE LANG WIRD ER SEIN?

WIE VIEL ZEIT HABEN WIR NOCH?

BANGE FRAGEN.

WERDEN WIR ZUSAMMEN SEIN,

BIS ZUM ENDE DES WINTERS ODER EINER DOCH

DEN REST ALLEINE GEHEN — WER KANN DAS SAGEN?

ICH VERTRAUE AUF DAS GLÜCK,

DAS MIR ZUGEFALLEN IST,

ALS ICH DICH TRAF.

WILL NIE DAHIN ZURÜCK,

WO DU NICHT BIST,

SCHLAF

MIT DEM GEDANKEN EIN,

AM ENDE BEI DIR ZU SEIN.

WINTER, UND WAS DANN?

ÜBERMÜTIG TOLLEN BLÄTTER
ÜBER FELDER UND ALLEEN
EIN HERBSTWIND, EIN GANZ NETTER,
LÄSST SIE NICHT STILLE STEHEN.
MACHT SICH LUSTIG ÜBER TROCKENES LAUB,
DAS BEI DIESEM WETTER
BALD ZERFÄLLT ZU STAUB.

EIN SONNENSTRAHL, DER SICH AUS WOLKEN STIEHLT,
KANN DARAN AUCH NICHTS ÄNDERN.
DER WIND SICH AN DIE ZEIT NUR HIELT,
DIE KOMMT IN PASSENDEN GEWÄNDERN.
HERBST FOLGT DEM SOMMER BALD,
FRISCHES GRÜN MUSS DUNKLEM WEICHEN.
NICHT NUR BLÄTTER WERDEN ALT,
AN BUCHEN UND AN EICHEN.

AUCH IN DEINEM LEBEN
IST DER SOMMER NUN VORBEI.
WENIG NÜTZT DAS GANZE STREBEN
NACH JUGEND, SCHÖNHEIT, TANDERADEI.
WIE EIN ABGEFALLENES BLATT
WINDEST DU DICH HIER UND DA.
MANCHER KEINE RICHTUNG HAT,
KEIN ZIEL MEHR, DAS ER EINST DOCH SAH.

BEVOR DER WINTER KOMMT MIT KALTEM SCHRITT,

SIND DIE BLÄTTER LÄNGST GESCHICHTE.

BRINGT ER DICH AUCH AUS DEM TRITT,

MACH ES WIE DIE FICHTE.

SEI FLEXIBEL, TROTZE DER ZEIT,

NIMM LEICHT, DASS ES NUN WINTER

MÖGLICHKEITEN WEIT UND BREIT

VIELLEICHT NOCH MEHR DAHINTER?

© KARIN BROSE

GOLF

DER BAUM

WAS KANN ER WOHL BERICHTEN
DIESER WUNDERSAME BAUM?
SEINE JAHRE BILDEN SCHICHTEN,
ER ATMET AUS, ER NIMMT SICH RAUM.
ZIERT NUN GREEN EAGLES VIER
EIGENWILLIG, KNORRIG, SCHIER
EIN TRAUM!
NICHT EBENMÄSSIG, NICHT GESTUTZT,
GELACKT, HERAUSGEPUTZT,
DAFÜR UNGEWÖHNLICH SCHÖN,
SO MUSS MAN AUCH GREEN EAGLE SEH'N.

Golfplatz — Balsam für die Seele

Du hetzt aus dem Büro
Schnell noch 9 Löcher spielen!
Stau auf der Autobahn und so
fährst du im Schwarm mit vielen.
Hektik macht breit und Ungeduld
Wer ist schuld?
Abfahrt Winsen Ost erreicht!
Das ging ja doch ganz leicht!
Fertig! — Auf zu Abschlag 1.
Ja, das ist deins!
18 Uhr —
Ruhe pur
Eine ganz besondere Stille
Legt sich über Rough und Grün.
Hinter den Tannen zwei Rehe stehen.
Auf seine ganz besondere Weise
zieht ein Milan hier seine Kreise.
Ein Ball platscht in den Teich,
das Nutria geht in Deckung gleich
Ein „Pling" von einem fernen Abschlag her
Sonst hörst du gar nichts mehr.
Langsam senkt sich Feuchtigkeit
Abendstimmung macht sich breit.
Du kannst die Stille förmlich hören,

SONNE FÄRBT DEN HIMMEL ROT.
NICHTS KANN DICH MEHR STÖREN
DU SPÜRST ES: ALLES KOMMT INS LOT.

*

KAUM ZU GLAUBEN,
WIE SOMMER-DÜFTE SINNE RAUBEN.
WIESEN UND RAPSFELDER BLÜHEN
WOLKENGEBIRGE ZIEHEN
ES DUFTET DER HOLUNDER
ZARTE BLÜTEN, FAST EIN WUNDER.
NOCH HÄNGT NEBEL ÜBER DEM ROUGH,
EINFACH ZAUBERHAFT!
MÄRCHENSTIMMUNG MACHT SICH BREIT,
DER TAG ZEIGT SICH BEREIT.
TIERKINDER FLAUMWEICH UND WOLLIG
FOLGEN DEN ELTERN, SO DROLLIG!
KITZ UND RICKE KREUZEN DAS GRÜN,
WUNDERSAM, DAS ANZUSEHEN,
SCHWANENVATER ERHEBT SEIN GEFIEDER
MACHT OHNE FURCHT DEN EINDRINGLING NIEDER
NUTRIA-KINDER SCHLEICHEN ÜBER DEN RASEN,
GLEICH DANEBEN GRASEN HASEN.
GOLFBÄLLE PLOPPEN AUFS GRÜN
SOGAR ROTE, KANN MAN SEHN.
MORGENS FRÜH UM SECHS UHR
FINDEST DU HIER RUHE PUR.
ES IST DIE SONNENWENDE.
DRUM KEINE ZEIT VERSCHWENDE,
SEI DIR BEWUSST,
DASS DU DIE STUND NUN NUTZEN MUSST

Golf Feeling

Wieder so ein Tag,
den keiner mag.
Nichts gelingt,
der Ball verspringt,
getoppt,
gefloppt,
auf und davon
rein ins hohe Rough,
wie blanker Hohn,
mein Schlag zu schlaff.
Wütend glotz ich hinterher,
da hilft jetzt gar nichts mehr!
Sechs Striche auf 9 Loch,
da sag mir einer noch,
dass jedem das passiert!
Ich tu mir das freiwillig an,
doch könnt ich in den Schläger beissen,
die Scorekarte in Stücke reissen!
Irgendwann da killt mich das,
in den Augen blanker Hass,
dabei wär Demut angesagt,
und besser nur das Spiel vertagt.

ENDE

BIST DU DA OBEN ?

GANZ VON FERN

LEUCHTET HEUTE EIN STERN.

HELLER ALS ALLE

BLITZT ER MICH AN.

IN DIESEM FALLE

GLAUBE ICH DRAN,

ER IST EIN ZEICHEN,

SOLL MIR WAS SAGEN.

ICH MAG NICHT WEICHEN,

ICH WILL ES WAGEN,

WILL HINEIN MICH DENKEN,

MICH LEITEN LASSEN.

GLAUBE, MEIN VATER WILL IHN MIR SCHENKEN,

KANN ES KAUM FASSEN.

FÜHL MICH IHM NAH,

SCHAU GANZ GENAU HIN,

WEISS, ER IST DA,

SAGT MIR, DASS NICHT ALLEIN ICH BIN.

WELCH GROSSES GLÜCK,

WENN UNSERE TOTEN

SCHAUEN ZURÜCK.

SIE SIND DIE BOTEN,

EINER ANDEREN WELT.

EINER WELT, DIE FRIEDLICH IST

UND KLAR,

WO DU OHNE SCHMERZEN BIST,

UND — JA,

WO NUR ERINNERUNG DEIN GESICHT,

NUR DEINE SEELE ZÄHLT.

SCHNÖDEN MAMMON GIBT ES NICHT,

NIEMAND, DER DICH QUÄLT.

ICH DANKE DIR,

DASS DU AN MICH GEDACHT.

DASS DU DICH HEUT ZU MIR

HAST AUFGEMACHT.

Schon im Anfang liegt das Ende

Denkst auch du oft an den Tod?
Oder gehörst du wohl zu denen,
die glauben, unsterblich zu sein?
Es ist sein täglich Brot,
nicht nötig zu erwähnen,
da wird ein Ende sein.

Der Gedanke unbequem
Abschreckend und mies
Sterben — gar nicht angenehm.
Doch glaube du nun dies:
Der Anfang schon birgt auch das Ende
Das Leben läuft dahin geschwind
irgendwann kommt dann die Wende,
bis du und ich Geschichte sind.

Denkst du manchmal
So könnt's bleiben?
Möchtest gern die Zeit anhalten?
Leben jetzt noch ohne Qual,
bunter könnte man's nicht treiben.
Noch sind die anderen die Alten.

Doch er ist schon da.

Manche holt er ohne Warnung,
andere sind noch nicht bereit
sich an den Abschied zu gewöhnen.
Fürwahr,
ein Leben lang war Zeit,
dich mit ihm auszusöhnen.
Nun, wo es ist soweit,
verwundert seine Tarnung.

Allein, er lässt sich nicht beirren,
geht auf keinen Handel ein.
Kannst ihn nicht verwirren,
wird schon alles richtig sein.
Gut nur, dass wir gar nicht wissen,
wann der Moment gekommen ist.
Wer wird dich vermissen,
wenn du dann woanders bist?

© Brose, 14/09/2017

Gegangen

Du bist gegangen,
hast dich nicht umgeschaut,
meine Erinnerung gefangen,
hatte auf dich gebaut.

Bin nun allein,
muss das erst lernen,
wie wird es sein,
nur ich unter Sternen?

Werden die Freunde bleiben?
Oder Zurückhaltung zeigen?
Wird's mich umtreiben?
Oder vor Gram zerreiben?

Schlimm ist es bei Nacht.
Ich kann nicht schlafen.
Immer gemeinsam erwacht,
zum Alleinsein nicht geschaffen.

„Zeit heilt Wunden",
ein schwacher Trost.
Wie wird Trauer überwunden?
Wie schaffe ich das bloss?

ERLÖSUNG

ICH SEHE EIN LICHT,

SO WUNDERSCHÖN,

HALTET MICH NICHT,

MÖCHTE GERN SEHN,

WAS DORT SO HELL UND KLAR,

WERDEN MEINE WÜNSCHE WAHR?

OHNE SCHMERZEN SEIN,

SO FEDERLEICHT,

WILL GLÜCKLICH SEIN,

BIN ICH ERLÖST — VIELLEICHT?

VERLUST

PLÖTZLICH IST ALLES ANDERS,
GEGANGEN DEINE GROSSE LIEBE,
DASS ER FÜR IMMER BEI DIR BLIEBE
HÄTTEST DU GEWÜNSCHT.
FÜHLST DEN FOKUS DEINES LEBENS VERLOREN,
ABER ER IST HIER,
IST NEU GEBOREN,
BLEIBT IMMER BEI DIR
IN EINEM ANDEREN RAUM,
GLEICH NEBENAN.

DU MÖCHTEST VON IHM TRÄUMEN,
KANNST IHN JEDOCH NICHT SEHEN.
MUSST ERST ERINNERUNGEN RÄUMEN,
MONATE VERGEHEN.
IRGENDWANN, WENN DU LOSGELASSEN,
WENN DU IHN ENDLICH FREI GEGEBEN,
KANNST ES KAUM FASSEN,
ERSCHEINT ER IM TRAUM DIR — WIE IM LEBEN.
WEN DU EINST GELIEBT,
WIRST DU NIE VERGESSEN.

Brose Bücher

Schwarzer Adler über mir

Ein Kreuz mit Kugelschreiber

Leben in Versen

Golf — Spazierengehen auf Rasen

Leben in Versen 2017

Sachbücher:

Schulkleidung ist nicht Schuluniform

Survival für Lehrer

Survival für Referedare

Survival für Eltern

So geht das

ZUKUNFT

GERNE WILLST DU WISSEN,

WIE'S WEITERGEHT IN DEINEM LEBEN

MÖCHTEST VIELES NICHT GERN MISSEN,

ANDERES GERNE GEBEN.

KÖNNTEST DU ES SELBER PLANEN

VERLIEFE ALLES WOHL IN BAHNEN.

KEIN PROBLEM, NICHT NOT UND SORGEN

ALLES SCHÖN AM NÄCHSTEN MORGEN.

GUT, DASS ES EIN ANDERER LENKT,

HIN UND WIEDER GEGEN DEINEN GUSTO

DIR SO VIEL NEUES SCHENKT

UND SO

WÄCHST DU AN DEINEM LEBEN

NICHT NUR DER LEICHTE WEG IST GUT.

EBEN

VERTRAUE UND HAB MUT.